Gedankenpfeile

Danke,
Fini, Tobias und Christoph
für eure Liebe und Geduld!

Motto:
„Wer weiß, wofür es gut war!"

Dieter Achtnichts

Gedankenpfeile

Bibliografische Information der Deutschen Nationalbibliothek:
Die Deutsche Nationalbibliothek verzeichnet diese Publikation in der Deutschen Nationalbibliografie; detaillierte bibliografische Daten sind im Internet über http://dnb.dnb.de abrufbar.

Copyright © 2016 Dieter Achtnichts- Autor- 1.Auflage
Herstellung und Verlag: BoD – Books on Demand, Norderstedt
Gestaltung: Dieter Achtnichts
Printed in Germany

ISBN 978-3-8391-6958-2

Vorwort

Jeder Denkende glaubt wohl, dass es „mehr" gibt, als unsere fünf Sinne erfassen können!

Dass es einen „Gott" gibt, erscheint logisch, wenn man das Wunder der Schöpfung im Makro- und auch Mikrokosmos betrachtet, deren Beschaffenheit sowohl in der Struktur, als auch in den Größenverhältnissen ähnlich ist. Rein aus „Zufall" kann so ein komplexes Gefüge nicht entstanden sein. „Aber was war vor dem Urknall?", kommt dann als Frage! Inzwischen gibt es Theorien, die es für möglich halten, dass sich dies irgendwo in den Weiten des Universums wiederholt. Vergehende, „sterbende" Galaxien bilden die Grundlage für so eine neue „Geburt".

Wir Menschen sehen solche Phänomene in der Beschränkung von Raum und Zeit. Was sich in der „Dunklen Materie" verbirgt oder ob sogenannte „Strings" die Elementarbausteine sind, aus denen sich alles aufbaut, wird wohl nie geklärt werden können!

Dass jeder von uns nicht nur von seinen Genen her ein „Individuum" ist, sondern auch durch seine einmalige Seele, gilt als gesicherte Erkenntnis!

Mich beschäftigt die Frage, wann diese Seele entsteht, bzw. wie sie sich im Laufe des Lebens entwickelt. Unbeantwortbar ist auch das Rätsel, wohin und in welcher Form sie nach dem Lösen von unserem Körper geht. Hat unser Verhalten in unserem irdischen

Leben einen Einfluss darauf? Existiert sie individuell weiter, so dass sie auch Wahrnehmungen oder gar Einfluss auf ihre Nachkommen hat? Wird ihre „Energie" letztlich ein Teil von der eines allmächtigen Gottes?

Wenn das so wäre, sind wir dann im irdischen Leben nicht schon ein Teil Gottes?

Wer von Ihnen hatte nicht schon Erlebnisse, die für die Existenz einer Seele als Beweis gelten können? Es gibt unzählige entsprechende Berichte, z.B. dass Mütter spürten, dass ihr Sohn im Krieg gefallen ist. Ich möchte Ihnen zwei persönliche Beispiele nennen.

Mein Vater hatte Lungenkrebs und war 1987 wegen Prostatabeschwerden im Landshuter Krankenhaus. Ich wusste zwar, dass er schwer krank war, aber nicht dass er, 64-jährig, am 12.April sterben sollte. Ich lag im Bett und konnte einfach nicht einschlafen. Immer wieder ging mir ein Zweizeiler im Kopf um. Ich notierte ihn mir. Anstatt schlafen zu können, „erschienen" über 1-2 Stunden hin weitere Sätze, welche ich jeweils aufschrieb. Am Morgen rief mich meine Mutter an und teilte mir mit, dass er in der Nacht gestorben war. Nun wusste ich, warum ich so unruhig gewesen war und auch, dass mir mein Vater eine tröstende Botschaft geschickt hatte. (Siehe das Gedicht „Träumend"!)

Meine Mutter erkrankte 85-jährig wahrscheinlich durch jahrzehntelanges Passivrauchen ebenfalls an Lungenkrebs. Am

2.6.2011 rief mich meine Schwester an, ich solle unbedingt kommen, Mutti könne nicht sterben. Ich war einige Stunden bei ihr und sprach mit ihr, obwohl sie bereits in einem Opiatedämmerzustand war. In dem Moment, als zwei meiner Schwestern die Treppe herauf gingen, machte sie einen letzten Atemzug. Als sie im Zimmer waren, sagte ich ihr, meine Hand auf ihrem Gesicht, dass wir sie lieben und sie könne jetzt loslassen, was sie auch tat. Noch in derselben Nacht verschied auch ihr 1km entfernt lebender Bruder an seinem langjährigen Krebsleiden, gerade so, als hätte sie ihn abgeholt.

Mancher wird dazu sagen, das seien Zufälle. Ich bin anderer Meinung und Sie haben vielleicht Ähnliches erlebt oder gehört!

Die folgenden Texte beinhalten meine Überlegungen zu zentralen Themen unseres Lebens, welche mich zum Nachdenken bewegt haben. Ich weiß, dass dies sehr ichbezogene Aussagen sind und weder Lösungen bieten, noch den Anspruch auf „Richtigkeit" erheben wollen! Ich hoffe aber, dass Sie in Ihrem eigenen Denken angeregt oder gar bestätigt werden.

Inhaltsverzeichnis:

Warum schreiben?

Wenn ich etwas Besonderes erlebt habe, wenn ich mit jemand wirklich gesprochen habe, wenn ich den Gedanken eines Buches gefolgt bin, wenn ich also Anlass hatte, meine eigene Einstellung zu überdenken und zu korrigieren, dann hilft es mir oft, wenn ich das Ergebnis dieses "Ich-werden-Vorgangs" aufschreibe. Lieber Leser, wie verhält sich dies bei Ihnen? Ich möchte diese bereichernde Erfahrung gerne mit Ihnen teilen und Sie anregen, Ihre Überlegungen aufzuschreiben. Oft reichen ein paar Stichworte über das, was sie bewegt. Wenn sie „gereift" sind, verbinden sie sich oft wie von selbst zu einem sinnvollen Text, der Ihre Gefühle und Gedanken zu einem Ergebnis vollendet. Durch das in "Worte-kleiden-müssen" erkennt man erst, ob, bzw. was man dazugelernt hat. Wenn man bereit ist, genau zu beobachten, sich mit den Gedanken eines Mitmenschen zu befassen, hat man auch selbst etwas davon! Die Lawine der eigenen Erkenntnis entsteht manchmal unbeabsichtigt durch einen Schneeball, den ein Fremder wirft! Eine Redensart sagt: „Durch Reden kommen die Leute zusammen"! Auch wenn es oft unangenehm ist, getroffen, angesprochen zu werden, kann die Wirkung recht segensreich sein. Es wird also sicher nicht schaden, wenn auch ich meine Schneebälle werfe und hoffe, gelegentlich zu treffen. Sie haben eben einige Gründe dafür gehört, warum man schreiben, bzw. lesen sollte. Wann nehmen Sie den Stift in die Hand?

Sie werden überrascht sein, wie gut es tut, sich ausdrücken und sich etwas „von der Seele" schreiben zu können!

Seidenbild

Träumend

Schluchzend
still liegend
hör ich lauschend
meiner eignen Stimme Ton.

Seufzend
mich wiegend
gleit ich tauschend
in die Welt der Träume schon.

Kleiner Bruder
des großen Schlafes
du umfängst mich unbemerkt.

Und erwach ich
von der Reise
durch ungeseh`ne Wirklichkeit-
bin ich für`s Jetzt
ein Weilchen wieder
mit neuer Kraft
erfüllt, gestärkt!

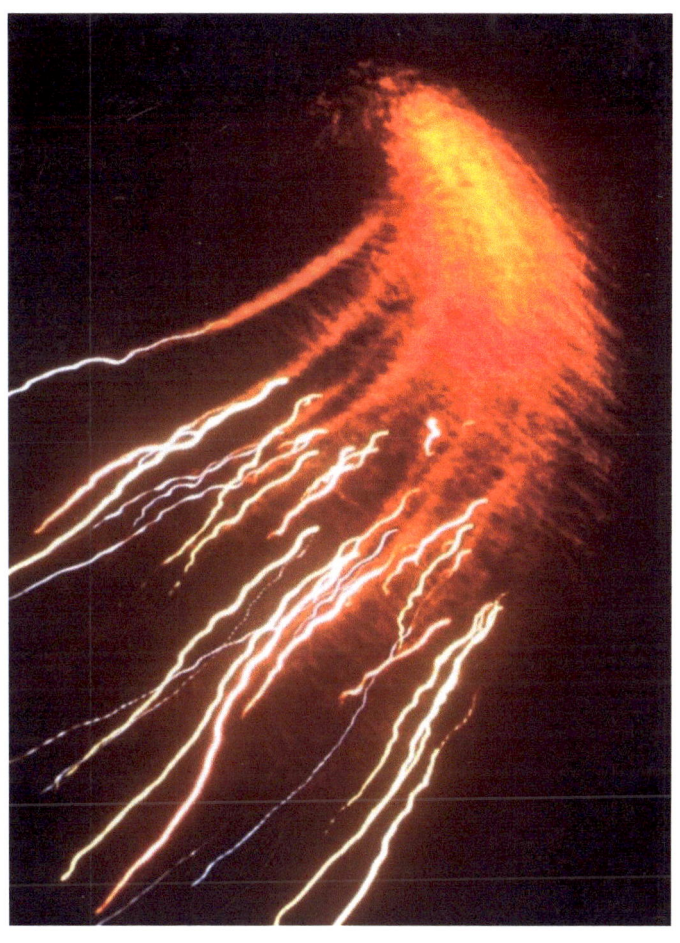

Sylvesterrakete vom heimischen
Wohnzimmerfenster aus fotografiert
Anmerkung: Alle hier verwendeten Fotos wurden
von mir meist in meiner näheren Umgebung
gemacht oder zeigen meine eigenen Gemälde.

Zeit

Blumenkelche öffnen sich duftend,
Mückenmyriaden flimmern am Sommerhimmel,
Jahreszeiten zerfließen im Stundenglas.

Doch du Mensch
fasst alle Ewigkeiten zusammen
im zeitlosen Gedanken einer einzigen
Empfindung!

Du bist bereits jetzt ein wunderbarer Funke
des göttlichen Abglanzes,
eine ahnungsvolle Idee seiner Herrlichkeit!

Alles fließt - ohne sich eigentlich fortzubewegen.
Auch deine Zeit ist unbeschränkt -
in den schrankenlosen Weiten deiner Seele!

IGA in München

Gedankenpfeile

Gedanken wehen wie aus dem Nichts
aus verborgenen Winkeln deines Ichs
und prasseln fordernd an die Scheibe,
welche dein waches Bewusstsein
vom Versteck deiner Seele trennen.
Unerbittlich trommeln sie
und halten dich wach.
Ergibst du dich ihnen und
lässt du dich mit ihnen treiben,
entführen sie dich sanft
in immer wieder neuartige
Bereiche deiner Selbsterfahrung.

Fini`s Pfeil

Gedanken

Gedanken sind wie Bienen!
Sie lassen sich von den
verschiedensten Blumen
anlocken.
Ob es nun die Farbenpracht,
der Duft oder der Geschmack war,
lässt sich schwer feststellen.
Man muss sich ergründen, weiterdenken!
Meist erkennt man erst
nach mehrmaliger Einkehr,
was die Ursache der Gedanken war!

Zeitlos

Burgen der Erinnerung werden von der Glut des Sommers, den Eiskristallen des Winters und dem Salz der Meere zerfressen. Aus den Ruinen wachsen neue Glücksempfindungen, die man in ihrer Blütezeit auf die große Wiese des Erlebens pflanzen sollte!

Hohenschwangau von Neuschwanstein aus

Lebenskraft

Pflücke die Tautropfen des Frühlings
mit deinen Augen!
Atme die Morgenluft des Sommers
mit deinem Herzen!
Fange die Silberfäden des Herbstes
mit deinen Gedanken!
Sammle die Lichtkristalle des Winters
in deiner Erinnerung!
Die Fülle des Seins
tröstet dich in den dunklen Tälern
deines Lebens.
Sie erfüllt dich mit neuer Kraft
und schenkt dir Freude und Zuversicht!

Chiemsee: Mücke als „Beifahrer"

19

Ziele

Viel zu selten
sucht man die schönen Dinge,
die leicht zu finden sind!

Viel zu oft
sucht man schillernde Seifenblasen,
die beim Berühren platzen!

Stromboli aus 80km Entfernung

Standpunkt

Bleibe nicht stehen!
Geh einen Schritt zur Seite,
damit du der Blume nicht das
Sonnenlicht raubst!
Gehe einen Schritt nach unten,
damit du in die Seele eines Kindes
blicken kannst!
Gehe einen Schritt nach oben,
damit du nicht den Überblick verlierst
über dein Tun!
Ändere öfters deinen Platz,
verharre aber auf dem rechten Standpunkt!
Verweile, wo es möglich ist,
damit sich dein Herz erfrische!
Handle, wenn es nötig ist,
damit geschehe, was sein soll!
Stillstand ist Rückschritt!

Gedankenwunderwelt

Obwohl in der Gedankenwunderwelt
Zeit und Raum nicht zählt,
ihr letztlich doch das Wichtigste fehlt:
Das wirkliche Erleben mit Körper und Geist,
was schließlich auch die Tatsache beweist,
dass ein Wunsch erst dann sein Fordern verliert,
wenn er probiert und ausgeführt wird!

Unbeschwert

Mücken tanzen lebenstrunken,
Myriaden, gleichgesinnt;
wie lebendige Lichterfunken,
nur für diesen Tag bestimmt,
sind sie ganz ins Sein versunken.

Wie es sich für sie gehört
brauchen sie nur noch zu gaukeln,
sorgenfrei und unbeschwert,
zum Hochzeitsflug sich hochzuschaukeln.
Für Minuten tauschen- wär´s das wert?

Augen-Blicke

Suche die kostbaren Blumen
des wirklich Schönen,
die versteckt auf der bunten Wiese
jeden einzelnen Tages blühen
und lass dein Herz erwärmen
von den vielfältigen Möglichkeiten
jeden neuen Augenblicks
und von der Liebe,
die in den Augen
eines Menschen verborgen
schlummert,
um geweckt zu werden
durch dein Lächeln
und die versöhnende Berührung
deiner Hand!

Seidenbild

Kopflos

Die Fliege, die in ein Spinnennetz geraten ist,
sollte besser nicht zappeln!
Dadurch reizt sie den Jäger nur.

Ein sattes Tier frisst kein anderes!

Man ist erst verloren, wenn man seinen Kopf
verliert!
Der schicksalbestimmende Schlag einer
machtvollen Hand
kann das fesselnde Netz zerreißen.

Menschen tragen ihre Köpfe oft,
ohne sich dessen bewusst zu sein!

Sie fressen sich selbst an.
Sie strampeln im stillen Wasser des Friedens.
Sie rufen kopflos nach dem Hai.
Sie sind ihr eigener Jäger.

Ihr Netz heißt Machtgier, Selbstsucht - Krieg!

Gestern

Es muss wohl der Hauch des gestrigen Tages
sein,
welcher erinnerungsschwer in meinem Haar liegt,
so dass ich unsicher und gedankenvoll
auf der Kante meiner kleinen Welt sitze!

Warum sonst kann ich mich heute nicht besser
verstehen?

Wie das klopfende Herz eines Vogels
in deiner Hand

Es kann auch die überschwängliche Freude sein,
die dir die Angst in die Seele drückt.

Der junge Tag glänzt mit unzähligen Tautropfen,
die dir strahlend das Herz weit öffnen.

Kann es so weit offen das Abendrot noch sehen?
Oder verschleiern Tränen das innere Auge,

weil du glückstrunken vergessen hast,
dein Innerstes früh genug zu verschließen?

Wäre ich eine Rose

Auf der Erde hockend, ganz in mich versunken,
fühle ich mich winzig klein.
Finsternis umhüllt mich und ich glaube, durstend
zu verwelken.
Doch da spüre ich, wie sich ein Netz aus
Tautropfen über mich spannt.
Es glitzert im silbrigen Mondeslicht.
Gierig saugen meine Poren das rettende Nass auf.
Mein Kopf hebt sich, und ich nehme die
Dunkelheit nicht mehr wahr.
Ich blicke zu den Sternen auf und fange an sie zu
zählen.
Nach langer Zeit, immer noch sternezählend,
bemerke ich, wie sie sich, immer blasser werdend,
im Nichts auflösen.
Ganz groß, mit hoch erhobenen Händen, recke ich
mich der Morgenröte und schließlich der
aufgehenden Sonne entgegen.
Der junge Tag durchströmt mich mit Glück,
wärmt mich und gibt mir Nahrung.
Diese Kraft brauche ich, um nach den Stunden
emsiger Tagesgeschäftigkeit die beängstigende
Nacht zu bestehen.
Dann kauere ich mich wieder schützend an den
Boden und gleite in einen süßen Traum, der mir
davon erzählt, dass mir bald wieder ein
beglückender Morgen geschenkt wird, der meine
samtene Rosenhaut lebensfroh vergoldet.

Vorwärts kämpfen

Ich weiß,
dass es Tausende von Kilometern
bis zur Seligkeit sind,
bis zum absoluten Gutsein.
Ich kann es relativ einfach
mit Worten beschreiben,
wie man das Ziel erreichen könnte.
Aber in der Wirklichkeit des Lebens
schleiche ich kämpfend
nur meterweise vorwärts.
Sollte ich ob der Rückschläge verzweifelt sein?
Wenn ich am Ende eines
erfolgreichen Abschnittes
oder nach einem Zwischenspurt
ein Stückchen weiter bin,
gibt es wieder Hoffnung!
Nur nicht stehenbleiben
oder gar aufgeben!
Auch wenige Meter bringen dich dem Ziele näher
und erfüllen dich mit Freude!

Schmetterling

Schmetterling, Schmetterling,
du lichtgeword´nes Erdending!
Raupenkörper, Ungestalt,
Puppenstarre, Urgewalt.
Metamorphose, Wundertat,
der Augenblick der Wandlung naht:
Neugebor´nes Himmelsding,
schillernd schwebend Schmetterling.
Schwer erkämpft, doch vorbestimmt,
dein wahres Sein Gestalt annimmt.
Wenn Not und Tod dich schmerzend drücken,
kannst auf Gott du hoffend blicken!
Befreit vom Körper, erdenschwer,
reihst du dich ein
ins Gotteskinderheer.

Seidenbild

33

Gott

Gott, was ist das?
Warum nicht: Wer ist das?
Das ist bereits zu menschlich gedacht, denn nicht
wir sind das Maß aller Dinge, sondern Gott!
Wobei "Maß und Dinge" bereits wieder
Umschreibungen sind für etwas, was wir mit
unseren menschlichen Sinnen wahrnehmen.
Gott ist etwas, was nicht in unser menschliches
Sinnensystem passt!
Wir können ihn mit unseren Sinnesorganen weder
erkennen, noch mit unserem Verstand begreifen.
Wenn wir ihn uns vorstellen, benutzen wir
unwillkürlich menschliche Bilder und Vergleiche.
An einen abstrakten, nicht vorstellbaren Gott zu
glauben, ist aber sehr schwierig. Der biblische
Vaterbegriff (Warum nicht „Mutter"?) hilft uns, an
ihn zu glauben, auch wenn dies mit
unangemessenen Mitteln geschieht.
Trotz der durch unsere Sinne beschränkten
Möglichkeiten erkennen wir die Unfassbarkeit
Gottes. So können wir auch in unserer Winzigkeit
in seiner Größe einen Sinn finden. Wir können
glauben, dass jeder Einzelne wichtig ist. In den
Herzen seiner Mitmenschen, die ja Teil Gottes
sind, kann jeder bedeutend sein! Hier wirken
wieder menschliche Sinne, vor allem Gefühle, als
Beurteilungsmaßstab.
Obwohl Gott direkt nicht zu erkennen ist, können
wir ihn an seinen Wirkungen erfahren, als
stärkende, sinngebende und hoffnungsspendende
Kraft in uns selber, im harmonischen
Zusammenspiel der Schöpfung und in der Liebe.
Ja, vor allem in der Liebe zu sich selber und zu

seinen Mitmenschen, die als Ebenbilder Gottes geschaffen sind! Wenn sich jemand im Verlauf der Jahre immer mehr von diesem Bild entfernt hat, kann ihm die Liebe wieder etwas zurückgeben vom Glanz seiner Gotteskindschaft.
Gott ist die Liebe!
Wie sonst könnte er verzeihen und helfen?
Im ständigen aufrichten Bemühen um die mitmenschliche Liebe werden alle Gebote gegenstandslos. Gott ist dann in uns, wirkt aus uns heraus, und wir sind ein Teil von ihm.
Dieser Teil ist Person, ist durchaus mit menschlichen Sinnen erkennbar!
Gott zeigt sich uns durch seine Wirkungen und will uns als gläubige, eifrige und liebende Werkzeuge seines Willens!

Ölbild

Gottsinn

"Man kann Gott doch nicht mit menschlichen
Sinnen erfassen!",
wird sicher oft behauptet.
Vermag man das wirklich nicht?
Man kann ihn doch hören im Gleichklang der
Natur,
sehen im schlichten Überschwang des
Lebendigen,
riechen im vielfältigen Duft des Angenehmen,
schmecken in jedem bewussten Bissen
Lebensenergie,
fühlen im Zusammenspiel aller Nerven,
im Augenblick des Zufriedenseins, des
Wohlbehagens!
Kurz ausgedrückt:
Man kann ihn erfahren im Erkennen des eigenen
Ichs
und im Bewusstsein, nicht alleine zu sein,
sondern eins mit anderem:
Mit allen Schöpfungen Gottes als Teil seines
Plans:
mit dem Tier, dem Stein, den Sternen;
dem Weltall als Großem, dem Atom als Kleinem
und alles in allem eins mit dem Lebendigen,
mit dem Geist, dem Hauch Gottes,
mit dem Fühlen- und Verstehenkönnen als
Kennzeichen des Göttlichen.
Kind Gottes, freue dich am Sein!

Bittgebet

Ob wir dich Christus oder Allah nennen,
in unserer Gemeinschaft wir jetzt bekennen:
Wir hoffen, du hältst beschützend unsere Welt,
weil sie ohne dich dem Bösen verfällt!
Verstand und Geist allein
reicht nicht zum Glücklichsein!
Erst die Liebe zu Gott
löst rettend unsere Not!
Diese Liebe beginnt im Kleinen
und kann die Menschheit einen.
Durch das christliche Hauptgebot
kommt die Welt wieder ins rechte Lot!

Relativität

Dein jetziges Leben ist eine Summe von glücklichen, aber auch von schmerzhaften Augenblicken!
Die Zeit des scheinbaren Gleichklangs dazwischen schrumpft auf ein Nichts. Die letzten gegenwärtigen Gedanken und Erlebnisse sind eine Folge der vorhergegangenen. In dir, im relativierenden Komplex deines Bewusstseins, können diese kurzen, aber für deine beständig wachsende Persönlichkeit so wichtigen Eindrücke, bedeutender und länger werden, als die gesamte lange Zeit davor.
Eine Stunde der Gegenwart erscheint dir oft länger als Jahre der Vergangenheit.
Am längsten könnte die Wirklichkeit einer nahen Zukunft sein, wenn eines Tages in den letzten Sekunden deines Lebens alles im Kaleidoskop deines Todeszeitpunkts zusammenfließt und im zeitlosen Nichts in einer noch unbekannten Größe zu erstarren scheint.
Dann zählen bereits entschiedene Augenblicke als Ganzes, sind Maßstab für deine neue Dimension des Nach-, des Unzeitlichen.
Sie bestimmen wohl das Ausmaß deiner Teilhabe an der Ewigkeit und an der Erleuchtung Gottes.
Darum sollte man nicht vergessen:
Nichts geschieht nur so für sich! Alle deine Taten haben Wirkungen auf dich und deine Umwelt.
Jeder ist selbst seines wahren Glückes Schmied!
Durch das bewusste Erleben seines sinnerfüllten Seins hat der Mensch die Möglichkeit, die Zeit zu relativieren!
Jede Stunde hat zwar 60 Minuten, aber nicht jede Minute ist gleich lang für dich!
Eine bewusst erlebte Minute kann viele Stunden

des Gleichklangs aufwiegen und sogar dein ganzes Leben entscheiden!

In Anlehnung an Einsteins Relativitätstheorie könnte man sagen: Mit zunehmenden Alter scheinen die Uhren schneller zu gehen, während der Erlebnisinhalt deines Ichs immer näher zusammenrückt.

Im Greisenalter wird das Jetzt vom Damals der Kindertage überholt.

Im Moment der letzten Realität fließt alle Zeit vermischend ein in eine neue Realität, die wir mit Gott umschreiben.

Ausschnitt Acrylgemälde

40

Vergänglichkeit

Mich kennt in meiner Verwandtschaft noch jeder, zumindest was das Hauptsächliche betrifft. Meinen Vater kennen meine Söhne nur noch in seiner Oparolle. Wie er als junger Mann gewesen ist, weiß ich nur aus Hörensagen. An meinen Opa kann ich mich noch gut erinnern, allerdings kenne ich ihn nur als bereits alten Mann. Für meine Kinder ist er leider nur noch ein Foto oder ein Name auf einem Grabstein. Noch schlechter geht es mir mit meinem Urgroßvater väterlicherseits, über den ich gar nichts mehr weiß. Ich kann mir nicht einmal seine letzte Ruhestätte ansehen, weil diese mehr als tausend Kilometer entfernt ist und vielleicht gar nicht mehr auffindbar wäre.
Wie schade! Wie viel Ähnlichkeit ich wohl mit ihm habe? Noch weiter zurückzudenken erscheint sinnlos, obwohl seit dem Leben meiner Ur-ur-großväter erst gut 100 Jährchen vergangen sind! Das Wesen deiner Vorfahren ist für dich wie Schall und Rauch, obgleich du ein Teil von ihnen bist und in dir so manche Eigenschaft von ihnen weiterlebt. Wann ist man denn endgültig tot? Wenn die Gebeine vermodert sind oder schon eher? Wenn dein Name nicht mehr genannt wird und keiner mehr an dich denkt? Vielleicht auch erst, wenn dein Namenszug am Grabstein zu verwittern anfängt und dein Grab eingeebnet ist. Ist das eigentlich noch wichtig? Bist du so wichtig? Reicht es nicht, dass du im Jetzt etwas giltst und dass man dich mag? Warum soll man mit menschlichen Maßstäben an ein Danach denken, wenn da ganz andere Dimensionen bestimmend sind? Trotz allem bleibt von dir etwas, durch deine Taten, deine Spuren, die du hinterlässt, und natürlich lebst du auch indirekt weiter in deinen

Nachkommen. Wer weiß schon, ob man diese nicht etwa miterleben, andersseitig erfahren kann! Vergänglichkeit ist wohl nur wichtig, so lange man selber lebt. Danach, jenseits der Istzeit hat dieser Begriff wohl seine Bedeutung verloren, weil dann auch die Zeit an sich gegenstandslos geworden ist!

Bittend

Milchig decken Nebelschwaden
und verstecken, was schuldbeladen,
mit Sündenflecken und Seelenschaden,
bittend vor dem Kreuze liegt.
Ein zarter Schleier dein Innerstes füllt,
zur Abendfeier dein Flehen stillt.
Vergebend sei Er, gnädig mild,
bittend dann dein Glaube siegt!

Pestkreuz in Buchbach

Lebensrezept

Auch dem Schlimmsten noch etwas Positives abzugewinnen, das ist schon eine Kunst! Glücklich derjenige, welcher dies dennoch schafft! Ein Rezept, wie man diese Fähigkeit, das Leben zu meistern, erlangen kann, ist mit Worten sicher leichter aufgeschrieben, als vor- und nachgelebt. Bereits die Suche nach der richtigen Mixtur bringt dich auf vielversprechende Varianten! Das Gericht ist nur schwer zu optimieren. Aber nur das Schwierige, was man bewältigt hat, lässt dich wahre Befriedigung verspüren! Auch wenn dir die Mahlzeit erst im letzten Augenblick gelingt, hat sich deine Mühe gelohnt!
Man nehme:
Ein bisschen Kismetmentalität, gemischt mit Gottvertrauen und Zuversicht; verquirlt mit der Kunst, zufrieden sein zu können, mit dem, was man hat; mit einer Soße aus selbstkritischem Widerstandsgeist, welche jedoch vom Geschmack der Mitmenschlichkeit durchdrungen ist; gewürzt mit einer Prise Sarkasmus; versüßt mit dem Humor, bei tränenden Augen noch lachen zu können; geschmort in einem Topf aus solider Gesundheit, der noch keine Sprünge von Schicksalsschlägen hat und zubereitet auf der Flamme des echten Bemühens, Dinge im Kleinen zu ändern und das Bestmögliche aus dem Keim seines Ichs hervorzubringen.
Frisch auf! Schwinge deinen Kochlöffel! Dieser ist deine positive Grundeinstellung, dein Wille und die Überzeugung, dass du es auch schaffen wirst!

Haben sie Zeit?

Suchen sie Freiheit? Wollen sie Ruhe und Entspannung? Sind sie bereit, sich selbst zu erkennen? Sind sie bestürzt über das Hasten und die Gleichgültigkeit ihrer Umwelt? Dann tun sie doch endlich etwas! Seien sie aktiv und nehmen sie sich doch mehr Zeit, Zeit für sich und für andere! "Nimm dir Zeit, dann hast du was vom Leben!" Leben heißt mehr, als automatisch, seinen einfachsten Antrieben gehorchend, dahinzuvegetieren, gesteuert von den Verlockungen der werbenden Wirtschaftswunderwelt, die Freiheit suggeriert und dich nur zum Sklaven von Freizeitmechanismen erniedrigt! Die Frage nach deinem Sein, dem Sinn des Lebens, wird verdrängt. Hast du zu wenig Zeit, um nachzudenken? Was ist denn wichtiger, als einmal ruhig zu sein, als abzuschalten und den Moment zu genießen? Allzu häufig ist dies etwas, was bei näherer Betrachtung immer mehr an Bedeutung verliert! Wie viel Unsinniges und Unnötiges machst du mit, zeitverschwendend? Lerne wieder, innezuhalten wie ein kleines Kind und dem scheinbar Belanglosen und Selbstverständlichen Beachtung zu schenken! Löse dich öfters aus der Tretmühle des Alltags für viele, kurze und doch so wichtige Momente der Besinnung, welche auch eine Form des Gebets sein können! Gebrauche dein waches Bewusstsein, dann wirst du erstaunt sein über die Fülle der Empfindungen in dir und um dich herum! Dann gibt es Augenblicke, die dir wie eine Ewigkeit vorkommen. Dann hast du die Zeit besiegt. Vorher musst du dich allerdings selbst besiegen, vom Kopf aus.

Was ist Zeit?

Zeit ist sehr wichtig, wenn man sie nicht zur Verfügung hat.
Unwichtig, ja sogar lästig wird sie, wenn man sie im Überfluss besitzt, weil man nichts mit ihr anzufangen weiß!
Besitzen kann man sie eigentlich gar nicht.
Sie ist nur eine Einbildung, bzw. ein subjektiver Messzustand, nämlich im Alterungsprozess der menschlichen Zellen und seiner Umwelt.
Das Licht der Sonne gibt der Zeit den Takt. Sie spendet zwar Leben, verströmt ihre Energie nur noch kurze Zeit, zirka 5-7 Milliarden Jahre, ein Aufblitzen im großen Glitzern der Galaxien!
Es ist nur ein Flimmern im Geheimnis der Schöpfung, im unergründlichen Gott. In unseren Augen dagegen kann die Zeit zu einer Ewigkeit werden, wenn wir sie mit unseren Maßstäben messen.
In Wirklichkeit ist ZEIT nur eine Wortschöpfung von uns Menschen, die wir, im Kreisel des sich ständig „ändernden Weltalls, vom Standpunkt einer anderen "Milchstraße", von einer anderen "Erde" aus, entweder Vergangenheit oder vielleicht von einem anderen Planeten aus gleichzeitig Zukunft sind.
Ansatzpunkt ist immer die eigene Gegenwart, Vergangenheit oder Zukunft. Der Tod beendet das subjektive Zeitempfinden oder eröffnet eine neue Größe.
Er ist wie die Geburt ein unausweichlicher Zeitmesser.

Zwischenstation Tod

Was hat die Zeit mit Gott zu tun? Was hast du mit ihm zu tun? Warum ist es gut, dass man die Zeit nicht anhalten kann? Das sind oft gestellte Fragen. Die Antwort fällt nicht leicht. Du Mensch erfährst dich selber durch dein körperliches und vor allem geistiges Sein. Deine Gefühle und dein Bewusstsein vermitteln dir zusammen mit deinen Sinnen dein Ich-Gefühl. Du kannst dich selber aber nur deswegen wahrnehmen, weil es sie gibt, die Zeit, die Vergänglichkeit. Denken und Fühlen sind auf sie angewiesen. Ohne sie herrschte Stillstand, totale geistige Nacht. Die sich entwickelnde Zeit bedeutet Fortschritt. Erst wenn etwas Zeit vergangen ist, kann man einen Unterschied zum Vorher erkennen, ist eine Bewertung möglich. Der Wunsch, die Zeit anhalten zu können, wäre geistiger Selbstmord! Der körperliche Tod dagegen kann nicht das Ende sein! Er gehört zum Zyklus der Zeit, und in einem Kreislauf ist nichts zu Ende! Der Tod ist wie die Geburt eine Folge der Zeit und somit eine zwar unbekannte, aber wichtige und interessante Zwischenstufe im Leben. Gerade, weil wir in die Zeit geboren wurden, weil sie nie anhält oder aufhört, kann auch der körperliche Tod nicht das Ende sein! Es gibt auf Erden und im All nichts, was sich im Nichts auflöst, ohne Spuren zu hinterlassen! Ursachen haben Wirkungen! Auch wir werden aufgefangen, von Gott, der die Ursache aller Wirkungen ist! Er ist ein Rätsel für uns Menschen, eine Selbstverständlichkeit aber im umfassenden Sein, in dem nur für ihn verständlichen Geheimnis des Lebens. Da in seinem allumfassenden Schöpfungsplan alles seinen Sinn hat, können auch unser Leben und

unser Tod nicht sinnlos sein!
Wer daran glaubt, für den ist das Leben sinnerfüllt
und der Tod nur eine Zwischenstation auf dem
Weg zur Wirklichkeit Gottes!

Warum arbeitest du?

Um zu leben! Um Geld zu verdienen, damit du leben kannst, möglichst viel Geld! Wenn man gut leben will, muss der Normalbürger allerdings sehr hart und viel arbeiten! Oft so viel, dass ihm kaum mehr Zeit bleibt, sich zu erholen. Leben heißt doch eigentlich, so frei sein zu können, dass man sein Leben auch genießen kann! Warum soll man denn dann noch mehr arbeiten, wenn man keine Gelegenheit mehr hat, das mit Unfreiheit Erkämpfte richtig zu nutzen? Arbeite, weil es zum Leben gehört, weil du eine Aufgabe zu erfüllen hast! Der Wert der Arbeit besteht in ihr selbst. Sie ist Grundlage jeder Gesellschaft! Geld ist eine notwendige Begleiterscheinung. Vermeide jede Art von Extremen! Ohne Arbeit hast du zwar mehr Zeit, als dir lieb ist, aber dein Leben ist unausgefüllt. Außerdem fehlt dir dann das nötige Betriebskapital, damit du dir jene kleinen Selbstverständlichkeiten leisten kannst, die das Salz in der Alltagssuppe sein können! Wer dagegen gar arbeitssüchtig ist und nur noch berufliche Interessen hat, rennt am eigentlichen Leben vorbei! Du bist doch kein Arbeitsroboter, der immer mehr leisten und verdienen soll! Geld wird leicht zum Götzen und macht dich zum Sklaven deiner Arbeit! Willst du nur leben, um zu arbeiten, zu sparen und scheinbare Macht anzusammeln? Wie wär´s damit?
Lebe so, wie es dir am besten gefällt! Genieße deine Freizeit!
Dann findest du auch eher etwas Positives an der sicher notwendigen Arbeit, welche dir und deinen Mitmenschen erst den Luxus der Freizeit ermöglicht! Kurz: Lebe nicht, um zu arbeiten, sondern arbeite, um zu leben!

Himmel und Hölle

Warum brauchte es einen Jesus?
Um den Menschen zu zeigen,
dass sie erlöst sein können?
Warum brauchte es Wunder,
warum das Erwecken von Toten?
Wäre die Gegenwart des Teufels,
das schreckliche, entmenschlichende
Morden eines beständigen Krieges,
das Verhungern von Millionen
nicht Anlass genug,
dass sich die Menschen änderten
und sich besinnen,
dass sie als "Kinder Gottes",
als sein Ebenbild, geboren wurden
und nicht als selbstzerstörerische
Missgeburten des Teufels?
Jesus zeigte den Weg
und sagte es deutlich:
"Liebe deinen Nächsten wie dich selbst!"
Nicht mit Worten, sondern durch die Tat,
die vom Herzen kommt.
Dein Nächster ist aber auch der
Andersfarbige, Andersdenkende,
Anderssprechende,
auch der dir Unbekannte,
auch der dir unfreundlich Gesinnte!
Gerade in unseren so unruhigen Zeiten
ist dies besonders der „Flüchtling", der durch
einen grausamen Krieg fliehen musste, um sein
Leben zu retten und seine Heimat aufgibt und der
sich in eine womöglich feindselige fremde Welt
begibt!
Ob es daran liegt,
weil es unbequem ist,
diesen Nächsten zu lieben,

dass so viele nur ihren angenehmen, unmittelbaren Nächsten als liebenswert betrachten?

Viele idyllische Inseln des Glücks
bilden noch lange keine umfassende Welt,
einen Garten Eden,
aus dem die Hölle vertrieben wurde!
Zwischen diesen Inseln leckt gierig die verzehrende Welle der Bequemlichkeit und Gleichgültigkeit!

Der Himmel auf Erden schließt die Hölle aus!
Den Teufel muss man beständig bekämpfen und schließlich vernichten.
Man kann nicht nur ein bisschen christlich sein, und wenn es gerade nicht passt, Kompromisse machen.
Die Fratze des Teufels ist verhüllt von einer schillernden und lockenden Larve, welche es dir leicht machen soll, gegen die Regeln Gottes zu handeln.

Da das Paradies für uns verloren ist, muss sich jeder seinen Himmel erst erkämpfen. Den Weg dazu hat uns Jesus Christus geöffnet. Seine Botschaft ist bekannt!
Bekenne dich dazu!

Lebensregie

Wer bist du?
Nicht die Dinge, die sich ändern,
nicht Landschaften, Zeiten und Umstände
bestimmen dich!
Entscheidend bist du alleine!
In dir liegt das Maß der Dinge.
Was du erlebst, verschleiert sich zwar
im Mantel der Zeit, verliert sich im Endlosen,
wirkt jedoch weiter im gegenwärtigen Tun,
welches ja durch das bestimmt wird,
was erlebt und mit dem Sieb des Gewissens
gefiltert wurde.
Wie eine Filmspule zeichnet dein Ich alles auf.
Auch wenn die Rolle weiter gespult wird,
bestimmt das Vergangene die weitere Handlung.
Es gibt nichts, was du tust und denkst,
was nicht seine Folgen hätte, im Guten wie im
Bösen! Ob deine Entscheidungen richtig waren,
wird sich erst zeigen, wenn der Film abgedreht
ist.
Du warst Regisseur und Darsteller in einem.
Was du aus deinem Drehbuch gemacht hast,
wird von deinen Mitmenschen, dem Publikum
und vom Produzenten beurteilt werden!

Augenblicke

„Pflück mich!", ruft fordernd jeder neue Tag.
Seine zahlreichen Augenblicke sind
Blütenknospen, welche entschlossen gepflückt,
beim Schlafengehen erblüht sind und als bunter
Strauß in Dir erstrahlen
und Dich mit tiefer Freude erfüllen!

Sohn Christoph

55

Glück

Glück, das sind die kleinen Freuden des Augenblicks: Ein Lächeln im Blick deines Nächsten, ein wärmender Sonnenstrahl auf kühler Haut, auch der salzige Geschmack deines Schweißes. Selbst im Nass deiner Tränen liegt Glück, wenn sie versiegt sind und du wieder auf das Glück hoffen und an das Schöne glauben kannst. Leben im Glück heißt, jede Minute bewusst und freudig zu erleben, ohne darüber zu grübeln, dass es auch einmal eine letzte gibt. Leben heißt, sich zu bemühen, gelassen und lustig zu sein.

Maßstäbe

Keiner ist gleich!

Von dreien,
welche dasselbe erleben,
ist der Erste zu Tränen gerührt,
lächelt der Zweite belustigt,
während der Dritte gar nicht bemerkt,
dass etwas geschehen ist!
Denn wir schauen nicht mit den Augen,
hören nicht mit den Ohren,
riechen, schmecken und fühlen
nicht mit dem Körper!
Wir erfassen das Wesen der Dinge,
die Worte eines Menschen,
die Bedeutung einer Tat,
die Wirklichkeit unseres Seins,
ganzheitlich, tief in uns,
im Herzen unserer Seele!

Was ist Glück?

Hektisch, verzweifelt, gierig suchen die meisten
Menschen danach.
Geld und Macht und Gesundheit im Überfluss
ersehnt sich jeder.
Alles, was du nicht hast, wünscht du dir dazu, du
Nimmersatt!
Warum? Weil es dir bereits viel zu gut geht! Du
hast doch alles, um wahrlich glücklich sein zu
können!
Du lebst mit gesunden Sinnen, deine wichtigsten
Grundbedürfnisse sind erfüllt, und es gibt
Mitmenschen, die auf dich warten, auf die du zu
gehen und die du lieben kannst!
Öffne deine Augen und schaue das Glück!
Schaue es zum Beispiel in den Formen und Farben
eines Gartens, in den dir vertrauten
Einrichtungsgegenständen oder im zufriedenen
Lächeln deines Gesprächspartners!
Höre es im warmen Klang der Stimme eines
Vertrauten, im Klopfen deines Herzens, und sauge
es ein mit jedem Atemzug!
Wo ist das Glück?
Überall! Überall, wo du bist und wo du dein Glück
sehen willst!

Sanftes Glück

Wer sein Glück suchen will, sollte sich mit kleinen
Schritten vorwärtstasten! Wie leicht fällt man doch
in den Abgrund! Auch der Sturm zerbricht an der
eigenen Gewalt, weil er nicht wie der Wind
die Blätter der Bäume streichelt und sich in den
Wellen des Sees fortpflanzt!

Ausschnitt Acrylbild

Der Gegensatz – das Geheimnis vom Leben?

Ist ihnen auch schon einmal aufgefallen, dass sich in unserem Leben alles um den Gegensatz von „Etwas" und „Nichts" dreht, um die Polarität von zwei unterschiedlichen, meist entgegensetzten Sachen? Wenn nicht, dann passen sie jetzt gut auf!
Wenn schon, ist ihnen dann auch aufgefallen, wie oft sich dieses Prinzip wiederholt und unser ganzes Sein durchwirkt? Anfangen könnte man gleich mit dem Anfang und dem zwangsweise folgenden Ende. Die einen glauben an Gott, die andern nicht. Trotzdem müssen sich auch die Ungläubigen Tag für Tag entscheiden, zwischen „Ja" und „Nein", zwischen „Gut" oder „Böse"! Gott hat ja selber einen Anfang gemacht mit der Zweiseitigkeit, indem er Adam und Eva als Mann und Frau erschaffen hat, als zwei sich zwar entsprechende, aber trotz Emanzipation doch recht unterschiedliche Geschlechter. Wie wunderbar ist doch der unvorstellbare Gegensatz in der Schöpfung zwischen der Riesenwelt von den Galaxien im Universum und der Winzigkeit im Mikrokosmos von unseren Atomen! Trotzdem herrschen durch ein, von einem Menschengehirn nicht erfassbares Planungsprinzip, selbst in der kleinsten Zelle von unserem Körper, dieselben riesigen Größenverhältnisse und gedankenverwirrenden Entfernungsweiten, wie in dem scheinbar unendlichen Weltall! Alles ist endlich und unendlich zugleich! Anscheinend steckt in der Gegensätzlichkeit eines von den Geheimnissen im Plan Gottes. Wenn er es nicht wollte, dann würde es das nicht geben! Ohne das Prinzip gäbe es wohl auch kein Leben! Wie das Plus ein Minus braucht, das Proton ein Elektron,

jeder Planet seine Sonne, so braucht der Mann seine Frau, der Schmerz seine Wonne!

Der Bock braucht seine Geißen, die Blüten die Bienen, der Stier seine Kuh, sexuell geht´s im Leben zu! Hat man dann endlich sein Gegenstück gefunden, geht´s schon wieder los! Je nachdem hat man entweder den Himmel oder die Hölle auf Erden, herrscht entweder Krieg oder Frieden im Zusammenleben von uns Lebewesen. Vielleicht ist in der Ordnung auch die Ursache dafür zu finden, dass nach einer gewissen Zeit Frieden immer wieder Krieg geführt wird, dass es ein ewiges Auf und Ab gibt, wie bei einer Sinuskurve oder bei der Ausbreitung von Wellen. Dem schwankenden Jahresrythmus entspricht ja auch das Werden und Vergehen, das Leben und Sterben! Ja, gerade in dem scheinbaren Widerspruch von Tod und Leben liegt das Geheimnis vom Leben und von der Weiterentwicklung aller Wesen. Ohne den Tod von anderen würden wir glatt verhungern, ohne das Sterben hätte es keine Evolution, kein Sichweiterentwickeln gegeben. Nach dem Tod geht es aber schon wieder los, das Entweder-oder, das Runter oder Rauf, wobei es für die meisten von uns Sündern noch einen kleinen Zwischenaufenthalt im Fegefeuer geben wird!

Es ist schon typisch, dass man die Leute immer einteilen mag und es meist leicht kann. Ob Schwarz- oder Weißseher oder ob ganz ohne Fernseher, ob als Rechter oder Linker, ob als Bayer oder Sechziger, ob als Grüner oder Farbloser, irgendwie muss sich eben ein jeder immer wieder entscheiden! Wenn du nicht willst, bist du auch gleich wieder verdächtig. „Wenn du nicht für mich bist, bist du gegen mich!"

Wer sich gar nicht entschließen kann, entscheidet sich aber auch, für gar keine Meinung oder für einen Mittelweg. Den gibt es auch nur, weil es ein Oben und Unten, ein Groß und ein Klein, ein „Soll ich?" oder „Soll ich nicht?" gibt. Wenn der goldene Weg der Mitte auch bekanntermaßen der vernünftigste wäre, ist er doch so schwer zu finden: z.B. in der Kindererziehung (eigene Nerven und Wissen), in der Liebe (Herz oder Verstand) oder beim Konsumieren (Einsicht oder Bequemlichkeit). Wie heißt es doch da so schön: "Der Geist ist willig, aber das Fleisch ist schwach!" Schon wieder zwei Gegensatzpaare! Auch bei der Ernährung ist uns nichts anderes eingefallen, nass oder trocken, trinken oder essen!

Der Tag hat seine Nacht, die Erde ihre zwei Pole und ein jedes Ding seine unterschiedlichen Seiten und das sollte nichts bedeuten? Auf das Leben folgt das Sterben, ob arm oder reich, irgendwann werden alle gleich! Oder doch nicht? Weil man entweder in den Himmel oder in die Hölle kommt! Ob am Ende nicht doch die Gegensätzlichkeit stimmt? Hat am Ende sogar das Universum einen Anfang und ein Ende? Bei der Antwort auf alle deine Fragen, könntest du leicht verzagen!

Bei der Antwort geht das Spiel schon wieder los! „Ja oder Nein!"- was stimmt jetzt bloß? Es gäbe auch noch einen Mittelweg: Ein „Weiß ich nicht!"

Fortschrittsglaube oder
Der Apfel der Schlange

Wie sieht die Welt von morgen aus?
Zukunftsforscher zeichnen ein phantastisches
Bild:
Städte unter Schutzkuppeln, Plantagen im Meer,
Verkehr auf Fließbandstraßen oder gar
Kolonisation von anderen Planeten.
Begründung: Durch ständige Forschung und neue
Entwicklungen ist fast alles machbar! Der
Fortschritt, der Erfindergeist wird im Verlauf der
Zeit alle Schwierigkeiten überwinden!
Sind diese Annahmen aber auch logisch?
Ist es logisch, dass etwas von Menschen
Erzeugtes die Grenzen der Schöpfung sprengen
kann? Gibt es ständiges Wachstum? Wo wäre dann
das Ende, das Ziel der Entwicklung?
Ja, wenn man genug erreicht hat, wird man damit
zufrieden sein, hört man als Antwort. Auch wir
wissen, dass man z.B. in der Medizin den
Menschen nicht unsterblich machen kann. Wir
wollen den Tod ja gar nicht besiegen!
Tatsächlich nicht?
Weiter, schneller, bequemer, besser!
Wo ist die Grenze? Sind das die Lebensziele der
Zukunft?
Was fängt man an mit der gewonnenen Zeit?
Die Arbeitszeit nimmt ab, während die Freizeit
wächst. Ja, Millionen arbeiten nur daran, den
Leuten zu zeigen, wie diese ihre Freizeit
verbringen können:
In einer Welt der Illusion vor ständig perfekter
werdenden Medienberieselungs- und
Traumanlagen, dreidimensional mit
Wirklichkeitssimulator.
Dies ist eine verführerisch schillernde Seifenblase

mit Rauschgiftwirkung, der sicherste Weg zur schnellen Entmenschlichung, zur Unfreiheit, zum Untergang!

Alles Übertreibung, Schwarzseherei, werden die Fortschrittsüchtigen antworten. Wo bleibt da die Ratio, die Freiheit der Entscheidung?

Eine Antwort darauf bietet bereits jetzt ein Blick auf die Wirklichkeit. Die unbedachten Nebenwirkungen des Fortschritts sind unübersehbar!

Wird die nächste Generation diese Fehler beseitigen und neue vermeiden können? Ist es nicht schon zu spät?

Die Saat ist leider schon ausgesät in den gleichen alten Furchen unserer Wachstumswelt! Ein Großteil unserer Jugend kann sich schon gar nicht mehr beschränken. Man ist bereits süchtig! Immer mehr! Nur das Neue ist gut! Wann gibt es endlich ein neues, verbessertes Modell?

Warum das alles? Weil sonst das Geschäft, der Markt nicht mehr funktioniert! Weil die Macher, die Überbesitzenden, die Obersüchtigen ihre Position behaupten und ausbauen wollen! Weil man die brave Masse des Volkes bereits zu konsumwilligen Suchtsklaven erzogen hat!

Dass dies nicht die Bestimmung des Menschen und der Wille Gottes ist, zeigen hoffnungsgebend die Millionen Stimmen von aufwachenden Menschen, die gegen diese Wachstumswirtschaftswunderwelt protestieren. Noch dringen sie gegen den Sirenengesang der Machbarkeitsprediger nicht durch.

Vielleicht haben wir aber auch den Köder bereits geschluckt und nur noch nichts von seiner giftigen Wirkung verspürt? Viele sind zwar bereit, auf noch mehr Wohlstand zu verzichten, aber schon nicht mehr fähig zum entgegengesetzten

Schritt, zum Verzicht, zur Bescheidenheit, zum Weniger!

Dies wäre nämlich eine Folge des sofortigen Ausstiegs aus unserer Wirtschaftswirklichkeit! Lieber die nächsten 20 Jahre gut gelebt, und nach mir die Sintflut!

Zu viele Egoisten, Nihilisten und Atheisten tönen so, treiben uns lahme Kinder Gottes, uns von der rechten Weide abgewichene, allesfressende Herde von Schafen in die vernichtenden Wogen der Gottesmüdigkeit und Gottlosigkeit!

Gottes Wege sind unbequem, aber der einzige Weg zum Guten, zur Bestimmung des Menschen! Satans Früchte sind zahlreich und verlockend, aber tödlich!

Erst wenn man den Apfel der Versuchung bereits gegessen hat, erkennt man den Irrtum. Dann ist das Paradies jedoch schon verloren! Die Geschichte von Adam und Eva ist für uns nicht nur archaisch. Sie wiederholt sich immer wieder! Jeder einzelne wird ständig zur Entscheidung aufgerufen: ...Nur vom Baum der Erkenntnis dürft ihr nicht essen! und ...Ihr werdet sein wie Gott!

Was ist denn das Ziel aller Wissenschaft, allen Fortschritts? Nichts Geringeres als die Allmächtigkeit, der Himmel auf Erden!

Gerade die menschliche Vernunft müsste jeden, auch den, der nicht an diese biblische Geschichte glaubt, klar erkennen lassen, dass die Bäume nicht in den Himmel wachsen können, dass die Natur ihre eigenen Gesetze hat, deren Grenzen der Mensch als ein Teil dieser Natur trotz seines Geistes nicht sprengen kann!

Und Gott? Gerade der Denkende weiß, dass er nichts weiß! Gerade der Wissenschaftler müsste erkennen, dass er von den Milliarden von Lichtjahren, die ihn von der Erkenntnis Gottes, des Unfassbaren trennen, erst wenige Meter durchblickt hat!

Warum kehren wir dann nicht zurück zur Natur, zur Rolle, die uns von ihm während einer endlichen Zeitspanne im Rahmen von Ewigkeiten zugedacht worden ist?

Im Schweiße unseres Angesichts sollen wir unser Brot verdienen! Das ist unsere Aufgabe und nicht die von Robotern! Wir müssen uns in den Schöpfungsplan, in das komplizierte Zusammenspiel der Naturgegebenheiten einfügen. Wir dürfen unsere Möglichkeiten nicht überschätzen. Dies heißt wohlweislich nicht, dass man seine Fähigkeiten nicht ausnützen sollte! Die Grenzen sind uns jedoch vorgegeben durch die Gebote Gottes und seinen seit Bestehen des Menschengeschlechts bekannten Regeln des Zusammenlebens, gegen welche man immer wieder verstoßen hat.

Wehren wir uns gegen die bedrohenden Götzen des unendlichen Fortschrittsglaubens! Zerstören wir die goldenen Kälber, die schillernden Fassaden des Überwohlstands und Müßiggangs, hinter denen sich die Fratzen des Bösen und der Zerstörung verbergen!

Vertauschen wir die Bildzeitung wieder mit der Bibel, die Stimme der Werbung wieder mit dem Wort Gottes!

Fehler sind zwar hilfreich, weil man nur aus den selbstgemachten tatsächlich lernt, aber ihrer sind inzwischen mehr als erträglich gemacht worden! Lernt aus den Zeichen der Zeit und lasst Taten folgen! Es ist zwar spät, aber noch nicht zu spät! Die bekömmliche Nahrung für die Herde der Gotteskinder wächst auf anderer Weide!

Spuckt sie aus, die unverdaulichen Gifte des Wohlstandes! Werft ihn fort, den Apfel der

Schlange, und kehrt um! Gott wartet auf uns, bereit uns zu verzeihen und zu helfen!

Gut gebellt?

Was soll ich damit anfangen? Was kann ich dagegen tun?

Denke an dein nächstes Gespräch unter Freunden, an Entscheidungen in der Familie, im Verein, bei der Arbeit, in der Politik, beim Kauf des neuen Supergeräts, und überprüfe dein Verhalten bei den vielen Dingen des täglichen Allerleis! Denke an deine Einstellung zu Umweltproblemen und vor allem an das Vorbild, das du abgibst, wenn du deine Kinder erziehst und ihnen vom Wirken Gottes erzählst!

Sind das nicht schon einige Schritte des zu gehenden Weges?

Gefesselte Natur

Sonne, sanfte Mutter,
wärmespendender Lebensborn,
Licht seit Milliarden!

Gefesselt nun,
seit dich der Mensch,
von der Technik verzückt,
zerschneidet, vernebelt,
kalkuliert, verplant,
ausbeutet, verwandelt!
In Urzeiten geschaffen,
in Sekunden vertan?
Deine Tage sind wissenschaftlich
exakt berechnet,
dein Mythos entblättert!
Gefesselte Natur,
ein Draht aus rostigem Stahl
schnürt dornengleich
dich drohend ein!
Und du?
Lächelst mitleidig,
golden verzaubernd,
sprengst strahlend,
was dich scheinbar umschlingt,
und wärmst morgen neu
die Knospen des Baums,
welche die Winternacht
mit Eis beleckt!

Der Zauberlehrling

Er mag ganz schön erschrocken sein, unser kosmischer Beobachter, als er sich nach einem kurzen Abwenden, einem Zwinkern der Zeit von circa 100 Jahren, wieder nach dem Planeten Erde umwandte!
Was war dort geschehen, was hatte sich dort so schreckenserregend verändert?
Wo sind sie geblieben, die Farben des Lebens? Wo ist das Grün der sauerstoffspendenden Urwälder? Woher kommen plötzlich die hässlich kahlen Flecken der Steppen und Wüsten? Welcher Moloch hat die Erdoberfläche spinnengleich mit einem kalten, abstrakten Netz aus totem Grau überzogen?
Wie von ekelerzeugenden Furunkeln und Geschwüren scheint die lebendige Haut dieses eben noch lebensduftenden Gartens zersetzt zu sein!
Gefräßige Schlangen aus Beton, Schotter und Stahl zerschneiden die grüne Struktur von Wiesen und Wäldern. Wohin sind die Inseln des ursprünglichen Seins, die gemeinschaftsformenden Oasen der Bauerndörfer verschwunden? Heerscharen von Millionen immer geschäftiger Massenwesen hasten durch die seelenlosen Betonwüsten der Städte, die eingesäumt sind von funken- und schwefelqualmsprühenden Auspufftürmen der Fabrikschlote und ummauert von einem Ring nackter Zementfronten stinkender Industrieanlagen. Ein giftgelber Schwadenteppich aus Smog lastet wie ein Leichentuch über dem Gewirr von Röhren und Drähten, welche die zusammenwachsenden Stadtleiber verbinden. Zusätzlich gesättigt wird diese Dunstglocke durch

die Abgase kilometerlanger Autoschlangen. Das Sirenengeheul von Kranken-, Polizei- und Feuerwehrautos schrillt alarmauslösend durch den lebensfeindlichen Großstadtdschungel. Überboten wird diese Wohlstandsmelodie noch durch angsterregende Kanonenschläge, wenn der Knall eines Düsenjägers beim Durchbrechen der Schallmauer durch die ehemals von blauen Schäfchenwolken gebildete, jetzt aber fahldreckige Gasdecke, fetzt und sich schockend in die Trommelfelle von Kindern bohrt!

Ob das Wort Verkehr wohl etwas mit verkehrt zu tun hat?

Man muss schon zur Ausschnittsvergrößerung greifen, um sie noch zu finden, die letzten Inseln irdischen Urglücks:

Ungetrübte und ursprüngliche Mischwaldlichtungen, deren Bewohner noch nicht vom Umweltbombardement geschädigt sind, in denen sich der Blick des Wanderers baden kann im Geflimmer sauberer, sonnendurchfluteter Sauerstoffkonzentrationen. Sie sind erfüllt vom lebensfrohen Duft der Artenvielfalt. Dort kann der Erholungssuchende eintauchen in die von der Gemeinschaft der Lebewesen abgestimmte Melodie eines vielstimmigen harmonischen Naturorchesters.

Auf die Hilfe des „Beobachters" zu hoffen, wäre fatal! Wir alle müssen aktiv werden, um diesen bedrohlichen Wandel zu stoppen, um uns eine lebenswerte Welt zu erhalten!

Traumstraße

Die schmerzliche Empfindung, zwischen harten, spitzen Steinen mit blutenden Wunden einen Abhang hinunter zu rollen, hat sich in ein sanftes Wohlgefühl verwandelt.
Auch der Druck, der auf verschwommenen Schichten meiner Seele lastete, ist verschwunden. Wie von einer samtweichen Hand fühle ich mich getragen. Eine Aura umgibt mich, die sich nicht in Worte fassen lässt. Irgendwo in meiner Erinnerung taucht das Wort Glück empor. Ich weiß jedoch, dass es zu armselig ist, um das zu beschreiben, was ich fühle. Alles um mich herum ist hell, so hell, dass ich meine Augen nicht öffnen kann. Meine Arme und Beine, die ich gar nicht mehr spürte, beginnen zu kribbeln und die Ahnung von der Existenz eines Körpers durchpulst mein Bewusstsein. Es ist keine Kälte mehr um mich und auch die glühende Hitze, die ich irgendwann einmal verspürte, ist vergessen. Der Nebel, in den ich fiel, muss wohl ein Traum gewesen sein! Klein, ganz klein bin ich. Ein müdes, aber sehr glückliches Gesicht sucht mich, findet mich und lächelt mich selig an. Hat sich irgendjemand gewünscht, dass es mich gibt? Mich! Warum gerade mich? Wer bin ich eigentlich? Ein Zufall? Ob ich irgendwann eine Antwort finden werde? Geboren auf der Sonnenseite des Lebens wachse ich meinem unbekannten Ziel entgegen. Mein Weg wurde vielleicht schon geplant, bevor zwei Zellen verschmolzen und ich zum Leben erwachte. Die kleinen Ausflüge, die ich von meinem Pfad aus unternehme, bestimme ich selber. Sie können mir Freude, aber auch Leid bringen. Doch immer wieder komme ich, wie von einem Magneten angezogen, auf den mir

vorgezeichneten Weg zurück. Meine Augen haben gelernt, die Schönheit meiner Umgebung wahrzunehmen und meine Sinne vermitteln mir Gefühle des Wohlbehagens.

Weit, sehr weit in der Ferne entdecke ich eine lichtgraue Wolke am Horizont. Nach einer Weile bemerke ich, dass es wohl ein kleiner Berg ist. Rings um mich liegen saftige Wiesen und grüne Felder in lebensfroher Harmonie. Der Geruch duftender Erde und die Pracht der blühenden Wiesen mit dem Gesumme der Insekten beflügeln meine Schritte. Ich überhole andere Wanderer und grüße jene, die auf ihren Pfaden verweilen. Immer häufiger erfüllt es mich mit Freude, wenn ich mich mit ihnen unterhalten kann, wenn sie meinen Weg kreuzen.

Die stolzen Bäume der Wälder zeigen mir, wie ich aufrecht stehen kann, auch wenn mich heftige Stürme schütteln. So gehe ich zufrieden weiter. Der kleine Berg wird etwas größer, je näher ich ihm komme. Hände strecken sich nach mir aus. Nur eine ist gut genug, um sie zu ergreifen. Es ist ein beruhigendes Gefühl, diese Hand nehmen zu dürfen, nicht mehr allein sein. Manchmal führt sie mich, dann gehe wieder ich voran. Zusammen weiterzugehen macht mich froh. Dabei bemerke ich gar nicht, dass ich schon am Fuße des Berges stehe, der zu beachtlicher Größe angewachsen ist. Wie lange ist es her, dass er mich mit seiner weißen Krone angelockt hat? Als ich mich umblicke, erinnern mich zwei kleine Fäuste in meinen Händen, dass ich schon seit geraumer Zeit einen erschwerten Marsch hinter mir habe. Zwei kleine Menschenwesen brauchen meine Hilfe bei ihren ersten Gehversuchen. Vorsichtig wählen meine Füße den rechten Weg. Voranzugehen ist mühsam. Vorsichtig tappe ich voraus über eine schwankende Brücke, die sich über einen Fluss spannt, als ob sie ihn zusammenhalten wolle. Immer weiter gehe ich in langen Serpentinen den Berg hinauf. Mein Atem fängt an, heftiger zu werden. Das plötzliche Bewusstsein, dass mir meine Schritte Mühe bereiten, erschreckt mich. Ist es nur der Anstieg oder ist es die bereits zurückgelegte Strecke? Warum habe ich mich schon eher bemerkt, dass ich schon so weit gewandert bin?

Das schäumende Tosen eines Wasserfalls reißt mich aus meinem Grübeln. Ich blicke ins Tal hinunter, das noch immer sein Frühlingskleid trägt, obwohl es bei mir oben bereits Spätsommer ist. Die Sonne erhitzt die Luft um mich und ich habe Angst vor einem der schon so häufig erlebten Gewitter, die mich immer mit Angst erfüllten, weil sie mich spüren ließen, dass ich letztlich zerbrechlich und verwundbar bin, ein schwankender Halm im Gewittersturm. Einer der verlockend glänzenden Blitze könnte mich treffen und mich von meinem Weg abbringen, wenn ich ihm nicht ausweiche. Mir ist, als ob die Steine, die auf meinem Weg liegen, immer zahlreicher und spitzer würden. Oder bin ich nur ein bisschen müder geworden, so dass meine Füße schmerzen? Nein! Ein paar Kratzer habe ich schon ab bekommen. Sie bluten noch. Andere Wunden sind längst verheilt, aber man sieht noch die Narben, die sie hinterlassen haben.

Vor mir zweigt ein Weg ab und ich sehe gerade noch, wie meine Kinder, oh nein, es sind gar keine Kinder mehr, um die nächste Kurve verschwinden. Sie haben ihren eigenen Weg gefunden!

Erst jetzt bemerkte ich, dass ich in der Ferne schon das Gipfelkreuz erkennen kann. Schnee liegt zu meinen Füßen und meine Zehen sind eiskalt. Überall, wohin ich auch blicke, blinkt und glitzert es. Unzählige winzige Kristalle reflektieren das Licht der Sonne. Es ist, als ob die ganze Welt nur für mich in ein Glimmerkleid geschlüpft wäre. Auf den letzten Metern zur Bergspitze komme ich nur mühsam voran. Die Luft wird mir zu dünn. Arme und Beine sind starr vor Kälte. Trotzdem fühle ich eine sengende Hitze auf meinem Kopf. Nun ist endlich das Gipfelkreuz erreicht! Ich drehe mich um und schaue zurück. Hinter mir liegt so viel, was ich erlebt habe: Der Winter, den die Sonne hell blitzen ließ; der Herbsttag, an dem die Kinder ihren Weg fanden; der Sommer, vor dessen Blitzen ich mich gefürchtet hatte; das Frühlingstal mit seinen eindrucksvollen Erfahrungen und die nebelverhangene Masse dahinter, an deren traumhafte Eindrücke ich mich nicht mehr erinnern kann.

Doch das ist vorbei. Etwas Neues treibt mich an. Ich will nachsehen, wie es auf der anderen Seite des Berges aussieht.

Ich schwanke und falle. Felsensplitter reißen Wunden in meine Haut. Blut quillt bedrohlich rot aus den Rissen und ein metallisch fader Geschmack füllt meinen Mund. Nur noch ein paar Meter, die sich endlos auszudehnen scheinen. Müde wische ich eine schweißverklebte Strähne meines ergrauten Haares aus der Stirn und krieche auf allen Vieren weiter. Meine Glieder werden gefühllos. Müde und erschöpft krieche ich über die letzte Klippe, kippte nach vorne und stürzte ein dunkles Nichts. Gleichzeitig löst sich in mir ein überwältigend neuartiges Gefühl aus. Es kommt mir bekannt vor. Trotzdem bin ich von seiner Intensität erschlagen. Anstatt des

erwarteten Schmerzes beim Aufprall gleite ich
schwebend in ein Meer aus Empfindungen.
Farben, die ich keinen Namen kenne und nie
gehörte Töne umschmeicheln mich. Ein süßer
Nebel hüllt mich ein. Ich bin. Einfach so.
Körperlos. Glückserfüllt. Zeitlos. Alles stoppt und
fließt zugleich. Ich gleite weiter und dann -
verschwindet mein Ich im Irgendwo. Ich verliere
mich und freue mich darüber. Zufrieden weiß ich:
Das ist mein Ziel!!
Davon habe ich geträumt und kann weiter
träumen. Ewig? Oder nur bis zu dem Zeitpunkt,
wo mich ein helles Licht blendet und eine
samtweiche Hand lebensspendend berührt und
auf eine neue Reise schickt?

Daten zum Autor:

- geboren am 20.02.1949 in Vilsheim, Kreis Landshut
- Wohnort: Buchbach, Kreis Mühldorf am Inn
- Lehrer im Ruhestand
- Verheiratet mit Fini (4 Texte sind von ihr)
- zwei Söhne (Tobias und Christoph)
- aktiver Sportler: Tennis und Fußballgolf (WM-Teilnehmer 2014, 2015 und 2016)
- Hobbies: Malen, Fotografieren, Schwimmen, Bergwandern
- drei Mundartgedichtbände im Eigenverlag

Weitere Bücher bei BOD (demnächst):
- Gedichtband mit humorvollen Texten
- Autobiografische Erzählungen
- zwei Mundartgedichtbände (bayrisch, aber „eingedeutscht")